AF290326

OLIVER CROMWELL

El lord protector de la Commonwealth que rechazó la corona

Por Jonathan Bloch
En colaboración con Mathieu Beaud
Traducido por Marina Martín Serra

Historia 50MINUTOS.es

OLIVER CROMWELL

- **¿Nacimiento?** El 25 de abril de 1599 en Huntingdon (Inglaterra).
- **¿Muerte?** El 3 de septiembre de 1658 en Londres.
- **¿Función?** General y parlamentario inglés, se convierte en lord protector de las islas británicas desde 1653 hasta que fallece.
- **¿Principal aportación?** La instauración de una junta militar cuya obra de conquista sienta las bases del Imperio británico.

Oliver Cromwell es, ciertamente, una de las personalidades históricas más enigmáticas de la historia de Inglaterra. Es un personaje que presenta una gran ambigüedad: unas veces es odiado y otras es admirado por las distintas generaciones de historiadores, al tiempo que ha sido reinventado constantemente según las necesidades del contexto. En efecto, es muy difícil distinguir al héroe precursor del tirano sanguinario.

Cromwell, puritano austero con una disciplina

de hierro, emerge de las filas del Ejército Revolucionario y logra subir hacia las más altas esferas del poder gracias a su programa político sin igual. Es un genio de la comunicación, que le atribuye el mérito de todas sus victorias militares a Dios —incluso de las más insignificantes—, y se presenta como un elegido de este. En 1653, este genio místico y sumamente inteligente se convierte en el soberano absoluto de las islas británicas. A pesar del poder que posee, rechaza la corona de Inglaterra que se le ofrece en 1657.

Su política se define por un idealismo apasionado, aunque moderado —en la práctica— por una prudencia experta. Aunque se define como el campeón del protestantismo y espera enderezar las costumbres y federar a todas las naciones protestantes, finalmente logrará concluir acuerdos diplomáticos con las potencias católicas (Francia y España).

Cromwell, un personaje tan inagotable como complejo, no dejará de avivar las pasiones durante mucho tiempo.

LA VIDA DE OLIVER CROMWELL

Retrato de Oliver Cromwell.

ENTRE INFORTUNIOS Y FORTUNA

Oliver Cromwell nace el 25 de abril de 1599 en Huntingdon, en Inglaterra. Aunque procede de la *gentry*, casi no hereda nada del rico patrimonio familiar, ya que uno de sus abuelos derrochó una gran parte de este.

LA *GENTRY*

En Inglaterra, no hay que confundir *nobleman* (noble), *gentleman* (caballero) y burgués. Aunque, hasta el siglo XV, no se habla de los *gentlemen*, estos aparecen progresivamente tras el ascenso social de varias familias burguesas, preocupadas por comprar su lugar en el seno de la nobleza y por atribuirse los méritos de un árbol genealógico a veces ficticio. Así, la *gentry* designa la orden de los *gentlemen*, que son nobles cuya principal actividad no es la guerra, sino el enriquecimiento sobre la base de un capital inmobiliario, adquirido a través de la compra, del matrimonio o de algún otro tipo de acuerdo. En Francia, esta mezcla entre nobles y burgueses resulta imposible durante el Antiguo Régimen (1515-1789), ya que toda actividad comercial, industrial y empresarial está estrictamente prohibida para la nobleza.

Cromwell, obligado a abandonar sus estudios en Cambridge para ocuparse de su madre y de sus siete hermanas solteras, vuelve a su región natal, donde se casa con Elizabeth Bourchier (1598-1665), la hija de un comerciante londinense con la que tendrá nueve hijos.

Durante los años 1620, cae enfermo y sufre una grave depresión, de la que sale más puritano que nunca, convencido de que Dios le acompaña en todas las etapas de su vida, tanto en sus desgracias como en sus triunfos.

En 1631, puesto que ha empobrecido, vende casi todas sus propiedades y decide labrar la tierra con sus propias manos, como agricultor. Cinco años después, hereda el patrimonio sustancial de su tío, en Ely, donde se muda. Entonces, ya no sufre necesidad y cuenta con una importante red familiar muy valiosa. En 1640, es elegido al Parlamento Corto y, más adelante, al Parlamento Largo, convocado algunos meses más adelante.

LORD PROTECTOR DE LA COMMONWEALTH

En 1640, cuando Cromwell ya ha alcanzado la edad de 41 años, nada parece predestinarlo a su destino de soberano. Los acontecimientos se precipitan cuando estalla la guerra entre el Parlamento y el rey, en 1641. Ese año, logra destacar en las filas del Ejército Parlamentario gracias a su disciplina inflexible. En él, ejerce como capitán de caballería, y le impone a su tropa un reglamento draconiano, inspirado en su moral puritana: las blasfemias y los juegos de azar están estrictamente prohibidos, y los hombres solamente reciben reconocimiento por sus méritos personales, independientemente de sus afinidades religiosas.

Frente a unos adversarios más desorganizados y permisivos que él, Cromwell va de victoria en victoria. Las atribuye todas a Dios, del que dice que no es más que un instrumento. Pronto es ascendido al rango de teniente general. Convencido más que nunca de la justicia de su causa, sueña con una Inglaterra reformada tanto en su Gobierno como en sus costumbres. El rigor y la austeridad son las palabras clave del programa que quiere proponer para convertir a los ingleses en el pueblo de Dios.

En 1646, con el triunfo del Parlamento sobre Carlos I, Cromwell abandona momentáneamente su función de oficial militar para dedicarse por completo a los debates del Parlamento Largo, entonces agitado por profundas disensiones.

Con todo, recupera sus espuelas de caballero cuando Carlos I logra liberarse. Inmediatamente después, el rey de Inglaterra moviliza a un nuevo Ejército contra el Parlamento, pero fracasa en este último intento. Encarcelado de nuevo, es condenado a muerte y ejecutado en 1649.

Cromwell, apreciado por los *gentlemen*, grupo del que forma parte, y respetado por el Ejército al que conduce a la victoria en varias ocasiones, ahora se perfila como el líder natural de Inglaterra. De 1649 a 1651, pacifica las islas británicas en sangre y fuego y recibe del Parlamento Largo el título de lord protector en 1653. Convertido en soberano indiscutible de Inglaterra, rechaza la corona que se le ofrece en 1657, y se mantiene en el poder hasta que fallece en 1658.

Es enterrado en Westminster, con todos los honores de un monarca legítimo. Con todo, tan pronto como la dinastía de los Estuardo vuelve a hacerse con el trono (1660), el cuerpo de Cromwell es exhumado, colgado y decapitado, y su cabeza se coloca en una pica por encima de Westminster Hall durante varias décadas, antes de convertirse en la curiosidad de un rico coleccionista.

Ejecución de Oliver Cromwell.

CONTEXTO

EL REY Y EL PARLAMENTO

A principios del siglo XVII, el reino de Inglaterra ya dispone de instituciones sólidas.

El rey se encuentra en el nivel más alto de los poderes ejecutivo, judicial y legislativo. Con todo, en virtud de la *Carta Magna* firmada en 1215 y de varios siglos de tradición, este debe solicitar la aprobación del Parlamento en la toma de ciertas decisiones. En particular, no puede recaudar impuestos adicionales, ni siquiera en tiempos de guerra, sin el consentimiento previo y conjunto de la Cámara de los Lores y de la Cámara de los Comunes.

La Carta Magna

En 1215, el rey Juan sin Tierra (1167-1216) concede a sus súbditos una serie de libertades fundamentales, todas inscritas en la *Carta Magna*: derecho de propiedad, derecho al libre desplazamiento, derecho a una justicia imparcial, derecho a rechazar la recaudación de impuestos abusiva, etc. Entonces, el papel del Parlamento de Inglaterra, instituido alrededor del año 1300, consiste en velar por el respeto de estas disposiciones legales. Con todo, la institución todavía no es una asamblea permanente —como actualmente—, sino una asamblea extraordinaria, convocada y disuelta solamente por iniciativa real.

La dinastía de los Tudor (1485-1603), que gobierna Inglaterra antes que la de los Estuardo (1603-1714), se las arregla para no convocar al Parlamento. Enrique VIII (1491-1547) e Isabel I (1533-1603) logran encontrar ingeniosos trucos para no recaudar los impuestos adicionales necesarios para asegurar sus empresas militares. Enrique VIII, que convierte su país al protestantismo al proclamarse único líder de la Iglesia de Inglaterra (1535), aumenta así su tesoro expoliando todos los bienes del clero regular. Isabel I, por su parte, enemiga jurada del rey de España Felipe II (1527-1598), promueve la piratería de Estado y protege a los corsarios cuya misión es atacar las líneas comerciales españolas mediante el saqueo de sus galeones, cargados de los objetos preciosos del Nuevo Mundo, sobre todo de oro, azúcar, tabaco y especias.

Jaime I (1566-1625), que sucede a Isabel I, se esfuerza, sin embargo, para restablecer la amistad entre España e Inglaterra. Para ello, renuncia a la piratería de Estado y a los ingresos que genera. Aunque los ingresos del dominio real le permiten conservar su gobierno y sus instituciones, necesita contar con la recaudación de impuestos adicionales y, por lo tanto, con la aprobación del Parlamento para cualquier empresa costosa. Lo mismo le ocurrirá a su hijo, Carlos I. Esta situación, sin embargo, entra en conflicto con la ambición de los Estuardo de establecerse como una dinastía absoluta de derecho divino.

HAY PARLAMENTOS... ¡Y PARLAMENTOS!

El Parlamento de Inglaterra y el Parlamento francés del Antiguo Régimen son dos tipos de instituciones totalmente diferentes una de otra. Mientras que el Parlamento inglés es una asamblea representativa del pueblo británico, el Parlamento francés del Antiguo Régimen es un tribunal de justicia soberana, donde se aplica la justicia del rey.

Sin embargo, en la Francia del Antiguo Régimen existía una asamblea representativa comparable con el Parlamento británico: los Estados Generales.

Mientras que el Parlamento británico estaba —y sigue estando— dividido en dos cámaras (la Cámara de los Lores, para la nobleza, y la Cámara de los Comunes, para la plebe), los Estados Generales en Francia solo tenían una cámara individual, donde los representantes eran divididos en tres órdenes (nobleza, clero y tercer estado).

En los Estados generales, había un número igual de representantes de la nobleza, el clero y el tercer estado, sin ninguna relación proporcional con la composición de la población francesa. Así, la representación del pueblo era muy desigual y muy favorable a las élites. En cambio, en el Parlamento británico, la Cámara de los Comunes ha ido adquiriendo prerrogativas progresivamente, hasta que la Cámara de los Lores ha quedado casi obsoleta. Esta última, sin embargo, sigue existiendo y todavía hoy en día constituye el más alto tribunal de justicia de Inglaterra.

EL ANGLICANISMO: UNA SÍNTESIS ORIGINAL ENTRE CATOLICISMO Y CALVINISMO

El protestantismo, tal como se practica en Inglaterra a principios del siglo XVII, es único en su género. El rey es el único jefe de la Iglesia desde el Acta de Supremacía promulgado en 1535 por Enrique VIII. Esta Iglesia anglicana, desprovista de todo monasterio y convento, mantiene el reparto del territorio en diócesis, bajo la autoridad de obispos.

No obstante, desde la Confesión de Westminster promulgada bajo el reinado de Isabel I en 1563, la Iglesia de Inglaterra se ve muy influenciada por la doctrina de Juan Calvino (pastor francés protestante y fundador del calvinismo, 1509-1564). Con todo, este considera que cada creyente es sacerdote, a causa del principio de sacerdocio universal. Así, la subordinación de los fieles a los curas y de los curas a los obispos constituye una aberración en el pensamiento calvinista. Sin embargo, se trata de un elemento constitutivo del anglicanismo.

Así pues, el anglicanismo toma prestados algunos elementos del calvinismo, como la austeridad litúrgica (es decir, la ausencia de toda ornamentación en los lugares de culto) y la misa en lengua vulgar (la misa católica se hacía en latín). Asimismo, ambos reconocen el principio de predestinación, según el cual Dios, desde el momento de la Creación, habría decidido salvar a algunos elegidos. Por consiguiente, el hombre ya no debe vivir más con el miedo de ser salvado o castigado, ya que su destino ha sido decidido desde antes de su nacimiento. Con todo, se supone que el elegido se reconoce en la alegría que siente al trabajar. Esto, asociado al hecho de que la doctrina calvinista permite el préstamo con intereses, convierte al calvinismo y al anglicanismo en religiones que naturalmente despiertan afinidad en el ámbito del capitalismo burgués e industrial.

La implosión progresiva del anglicanismo

El anglicanismo, con el tiempo, sufre la influencia de diferentes ideologías religiosas que fragmenta su frágil unidad. Así, vemos cómo aparecen verdaderos partidos, incluso sectas, preocupados tanto por cuestiones de fe como por la política. Durante la primera mitad del siglo XVII, arminianos y puritanos se enfrentan en el escenario del poder.

El arminianismo inglés difiere de la corriente tal como aparece en los Países Bajos a principios del siglo XVII. Jacobo Harmensz, llamado Jacobo Arminio (1560-1609), un teólogo neerlandés y ministro de la Iglesia reformada, cuestiona en su época el principio de predestinación y concibe, al igual que anteriormente lo había hecho su compatriota Erasmo (humanista holandés, 1469-1536), que el hombre es libre o no de aceptar la gracia de Dios, que se le ofrece a todo el mundo y no solamente a un puñado de elegidos. En Inglaterra los arminianos, que solamente son una minoría de clérigos, más allá del simple debate teológico, desean una restauración de las prácticas litúrgicas ornamentadas y reglamentadas, para gran escándalo de los puritanos. Puesto que abogan por la obediencia al rey, reciben el apoyo de Carlos I. Las disensiones entre ambos bandos se agravan cuando, en 1633, el arzobispo de Canterbury, William Laud (1573-1645), defensor también del arminianismo, organiza una serie de reformas que sus oponentes perciben muy claramente como una amenaza católica.

De hecho, aunque los arminianos tienden a reforzar el aspecto católico del anglicanismo, los puritanos, por su parte, son los ardientes defensores de su vertiente calvinista. A ojos de estos últimos, la adoración de Dios debe experimentarse en cada momento de la vida, y no durante momentos dedicados a ello. Además, respetan una moral muy rigurosa y sus iglesias están desprovistas de cualquier tipo de ornamentación. A principios del siglo XVII, su movimiento se escinde, en Inglaterra, entre presbiterianos e independientes. Los primeros, a menudo ricos propietarios terratenientes, abogan por una Iglesia de Estado unificada y armonizada, mientras que los segundos, menos numerosos pero no por eso menos influyentes, defienden que el culto rendido a Dios tiene que ser independiente de todo tipo de supervisión estatal.

EL TORPE REINADO DE CARLOS I

Carlos I, a la cabeza del reino británico desde 1625, no consigue federar a las distintas facciones que se disputan el poder político y religioso, ni enfrentarse a sus disensiones. Por el contrario, su política de favoritismo exacerba a los partidos que, sintiéndose perjudicados, forman una oposición y enseguida buscan la confrontación.

Seducido por el principio de monarquía absoluta tal como se implementa en las naciones católicas de Francia y España, Carlos I favorece reformas que acercan el anglicanismo al catolicismo romano, a pesar de los gritos de alarma de sus súbditos puritanos. Cuando el arzobispo Laud lleva a cabo sus reformas arminianas a partir de 1633, en Escocia se alzan voces en su contra: en efecto, los escoceses, mayoritariamente presbiterianos, consideran que toda formalización de la jerarquía eclesiástica es contraria a sus valores, según el principio del sacerdocio universal. Así pues, en 1639 se sublevan contra la autoridad eclesiástica y real con el objetivo de establecer una Iglesia presbiteriana de Estado.

LA GUERRA CIVIL

El fuego en la mecha (1640-1641)

La insurrección escocesa de 1639, a favor del presbiterianismo y de la abolición de toda jerarquía eclesiástica, obliga a Carlos I a reclutar un Ejército para el que no dispone de los fondos necesarios. Así, el monarca inglés convoca al Parlamento en abril de 1640. Con todo, es incapaz de entenderse con este, por lo que lo disuelve y concluye un acuerdo diplomático con los sublevados. El prestigio de Carlos I se ve afectado de forma negativa, sin contar que sigue estando desamparado. El 3 de noviembre de 1640, convoca de nuevo al Parlamento. Cromwell está presente en las dos sesiones.

Mientras que un verdadero pulso político enfrenta al rey con su Parlamento, sobre todo en lo que se refiere al tema del nombramiento de sus ministros y de la gestión de sus instituciones, estalla una nueva revuelta en octubre de 1641, esta vez en Irlanda. En efecto, desde el advenimiento de la dinastía de los Tudor, los irlandeses ven sus tierras confiscadas y redistribuidas en provecho de los magnates británicos. La divergencia religiosa que existe entre este país católico y la Inglaterra protestante no ayuda para nada a solucionar la situación.

Así pues, Carlos I envía a un Ejército para solventar el problema. Enseguida, el Parlamento reclama el control de este y, al no salirse con la suya, decide reclutar a sus propias tropas. Entonces, el rey se ve obligado a abandonar la guerra en Irlanda para luchar contra la asamblea representativa.

Los costillas de hierro (1641-1644)

Oliver Cromwell decide entrar en las filas del Ejército parlamentario a sus propias expensas. Reúne a puritanos tan decididamente religiosos como él, siempre de forma voluntaria, les proporciona caballos, un equipamiento de guerra y ballestas, y los somete a la disciplina más drástica. Favoreciendo el cuerpo a cuerpo y multiplicando las cargas masivas y compactas, rompen las filas de la infantería enemiga como un martillo rompería una cáscara de una nuez.

Cromwell y sus hombres, integrados a partir de 1643 en los contingentes de la Eastern Association bajo el mando de Edward Montagu (1602-1671), conde de Manchester, se distinguen en la batalla de Marston Moor (2 de julio de 1644), durante la cual el príncipe Rupert (1619-1682), el general de las tropas de Carlos I, les atribuye el temible sobrenombre de «costillas de hierro». Mientras que Cromwell no tenía ninguna experiencia militar, se convierte en la estrella ascendente de los oficiales del Ejército parlamentario. Ofendido por la falta de celo del conde de Manchester, de quien sospecha que tiene afinidades monárqui-cas, litiga de forma virulenta ante el Parlamento por su destitución en noviembre de 1644.

| Oliver Cromwell en la batalla de Marston Moor, c. 1877.

Del Nuevo Ejército Modelo al Parlamento Rabadilla (1645-1649)

En 1645, con tal de garantizar la partida del conde de Manchester de las filas del Ejército, Cromwell propone la ley de renuncia de sí mismo, que prohíbe que los parlamentarios participen en las actividades militares. Esta se acepta y todos los oficiales procedentes de la Cámara de los Lores son destituidos de sus funciones, incluyendo Oliver Cromwell. Con todo, su amigo Thomas Fairfax (general inglés, 1612-1671) solicita enseguida una exención especial para el *gentleman* puritano, cuyas competencias de coronel de caballería son consideradas indispensables, a lo que el Parlamento accede. Así pues, Cromwell se encuentra en una situación muy ventajosa y singular, ya que ahora es el único que participa a la vez en los debates políticos y en las tomas de decisiones militares.

Junto con Fairfax, ese mismo año instituye el Nuevo Ejército Modelo, gracias al cual logra muchas victorias, algunas de las cuales resultan decisivas y aseguran el triunfo militar del Parlamento Largo sobre la monarquía inglesa.

Al contrario de lo que había sucedido hasta la fecha, los soldados del Nuevo Ejército Modelo ya no son reclutados a nivel regional, sino a nivel nacional. Así pues, vienen de todas partes de Inglaterra y ya no solo tienen la misión de defender su propia región, sino que también tienen que hacer campaña por todo el país. Están sujetos a la misma disciplina puritana que los costillas de hierro y cuentan con la red de inteligencia más eficaz del momento. Unidos por un ideal republicano, promueven un modelo económico de reparto de los recursos. Los más radicales, además de la abolición de la monarquía, incluso proponen la aniquilación de todas las formas de aristocracia. Estos últimos recibirán el nombre de niveladores o, para los más extremos, los excavadores.

LOS NIVELADORES Y LOS EXCAVADORES EN DETALLE

Los niveladores consideran que el poder establecido de las élites aristocráticas es una usurpación tiránica, cuyo origen se remonta a la sumisión de Inglaterra por Guillermo el Conquistador (duque de Normandía y rey de Inglaterra, 1028-1087) en 1066 —una idea que permanecerá de forma tenaz en el seno de los grupúsculos políticos radicales de Inglaterra hasta el siglo XVIII—. Esta es la razón por la que los niveladores creen que habría que compartir equitativamente los recursos del país entre todos sus habitantes, para restaurar una edad de oro perdida. Su organización, sin embargo, sigue siendo muy volátil y sus vínculos con la sociedad civil y el Ejército son tan frágiles que ceden a cualquier forma de represión.

Los niveladores, sin embargo, cuentan con algunos fanáticos con los que se niegan categóricamente a ser comparados: los excavadores. Estos últimos, reunidos en una verdadera secta, no conciben otra manera de lograr sus objetivos que llevando a cabo una revolución violenta. Algunos incluso tratarán de asesinar a Cromwell al que, convertido en lord protector, consideran un traidor a los ideales que justificaron la guerra civil contra el rey. En su lógica, Cromwell convertido en soberano no es mejor que el monarca al que sustituye. Los excavadores se asientan en pequeñas comunidades agrícolas autónomas en varias partes de

Inglaterra. Estas serán severamente reprimidas, hasta su completa eliminación en 1650.

En el medio plazo inmediato, sin embargo, la ley de renuncia de sí mismo y la institución del Nuevo Ejército Modelo escindirán el Parlamento y el Ejército en dos cuerpos políticos rivales. En la asamblea, donde los presbiterianos son mayoría, la ideología es muy diferente de la que comparten los soldados republicanos. Los presbiterianos, principalmente procedentes de la *gentry*, se oponen fuertemente a la abolición del derecho de propiedad. Además, una vez que Carlos I es capturado después de la batalla de Naseby (14 de junio de 1645), proponen que el Ejército sea desmovilizado sin que los sueldos atrasados se paguen. Entonces, Cromwell se ve obligado a gestionar un conflicto entre facciones que amenaza la unidad del movimiento revolucionario.

Así pues, decide perseguir a los excavadores y reprimir a los niveladores, limpiando su Ejército de sus elementos más peligrosos. Paralelamente, organiza una gran depuración del Parlamento en diciembre de 1648, para conseguir que sea más amable —e incluso sumiso— a los requisitos del Ejército. Esta eliminación también se lleva a cabo a petición de este último y no descansa sobre ninguna base legal.

El fin de la guerra civil (1649)

En 1645, Carlos I es capturado tras su derrota en Naseby contra el Nuevo Ejército Modelo. No obstante, en 1647 se escapa y se refugia en la isla de Wight, desde la que logra movilizar a un Ejército escocés, al que Cromwell aplasta en Preston en 1648. Lo vuelven a llevar a Londres a la fuerza, y su huida se considera una traición hacia el pueblo inglés. Finalmente, el Parlamento lo condena a la pena de muerte. A pesar de que Cromwell pensó durante mucho tiempo que el poder monárquico era indispensable en Inglaterra, la huida de Carlos I le hace cambiar de opinión. Así pues, el propio Cromwell también aboga por la pena capital, y Carlos I es decapitado el 27 de enero de 1649 en Whitehall. Así, la dinastía de los Estuardo es destituida del trono y la monarquía es abolida. Cromwell se convierte en el primer hombre de Inglaterra y, muy pronto, será su soberano absoluto.

LA COMMONWEALTH Y EL PROTECTORADO

Hacia la legitimación del poder (1649-1659)

Durante la Commonwealth (1649-1653) y el Protectorado (1653-1659), Cromwell intenta en vano legitimar su poder por vías legales. Con todo, Inglaterra sigue siendo una junta militar con una administración temible, unida por un puritanismo intransigente. El Parlamento atraviesa múltiples vicisitudes y no logra establecerse como una verdadera fuerza política. Está limitado, sometido a distintas purgas y perfectamente controlado por Cromwell, que aparta a todos sus oponentes. Este último saca su poder de su carisma a la vez militar y religioso, así como del carácter místico de su persona.

De 1650 a 1658, Inglaterra no es nada más y nada menos que una tiranía bien disimulada. La mayor parte del poder lo ejerce el Consejo de Estado, formado por 41 hombres incorruptibles. Todos son partidarios de la dictadura de Cromwell, y se muestran tan eficaces que el Parlamento resulta impotente en la gestión de los asuntos del Gobierno.

Los militares también sobresalen en este Estado inglés constantemente en guerra con sus vecinos. Las estructuras políticas de la Commonwealth resultan obsoletas, por lo que los generales de Cromwell escriben en 1653 el *Instrumento de Gobierno*. Este primer texto constitucional de la historia occidental da al *gentleman* puritano el título de lord protector, otorgándole el estatus de soberano de Inglaterra.

Con la inauguración del Protectorado, se reúne un nuevo Parlamento, que trata de revisar los distintos puntos del *Instrumento de Gobierno*. A Cromwell no le gusta nada esta idea, y ordena su disolución. Reunido por segunda vez en 1657, el Parlamento revisa de nuevo el texto constitucional, pero esta vez trata de halagar al lord protector. La humilde petición y el Consejo le ofrecen, ni más ni menos, la corona. Cromwell, prudente, la declina, pero acepta otros puntos, entre los que cabe destacar la restauración de un sistema bicameral para el Parlamento. En efecto, la Cámara de los Lores había sido abolida desde el establecimiento de la Commonwealth, y en ese momento gracias a la decisión de Cromwell queda sustituida por una cámara alta.

| Oliver Cromwell disuelve el Parlamento.

La pacificación brutal de Irlanda y Escocia (1649-1652)

Poco después de la instauración de la Commonwealth y la abolición de la monarquía, Cromwell es enviado por el Parlamento a Irlanda para resolver la situación anárquica que reina allí desde la insurrección de 1641. El 11 de septiembre de 1649 conquista Drogheda, centro de la resistencia. La guarnición de la ciudad se había negado a rendirse a pesar de que no tenía los medios necesarios para ganar, por lo que Cromwell ordena matar con la espada a toda la población, cumpliendo así, según sus palabras, con la voluntad de Dios.

Después de pacificar Irlanda con el derramamiento de su sangre, emprende la conquista de Escocia, que opta por reconocer a Carlos II (1630-1685) en lugar de alinearse con los revolucionarios de la Commonwealth. Uno tras otro, Cromwell vence a los Ejércitos escoceses el 3 de septiembre de 1650 y de 1651, la primera vez en Dunbar, la segunda en Worcester. En definitiva, Irlanda y Escocia se integran al nuevo régimen y la paz civil está garantizada hasta la muerte del lord protector. Ninguna facción se atreve ya a tomar las armas: el Nuevo Ejército Modelo y los cascos de hierro han logrado su cometido con éxito.

| *Cromwell en Dunbar*, cuadro de Andrew Carrick Gow, 1886.

El Imperio británico triunfante (1652-1657)

Una vez las islas británicas unificadas bajo el liderazgo de Cromwell, Inglaterra finalmente puede centrar su atención en la escena internacional y vigilar sus intereses. Cromwell, que sueña con una gran unión de las naciones protestantes, sin embargo, estará contrariado en relación con este proyecto.

Idealista, tal vez, pero sobre todo pragmático, hace que Inglaterra entre en conflicto con las Provincias Unidas (actuales Países Bajos) por razones imperialistas y económicas. También desconfía de Suecia, que sigue siendo la líder tradicional de las naciones protestantes en el Viejo Continente. En última instancia, Cromwell logra concluir verdaderos acuerdos diplomáticos con las potencias católicas. Después de haber intentado establecer buenas relaciones con España, contrae una alianza militar con Francia, a expensas de la primera, y asegura la conquista de Dunkerque.

La guerra anglo-holandesa (1652-1654)

Mientras que Inglaterra está sumida en sus disputas internas, las Provincias Unidas aprovechan la oportunidad para hacer prosperar su comercio marítimo. Esta pequeña nación calvinista, apenas liberada de la dominación española, es ahora uno de los líderes mundiales del comercio de ultramar. La Marina neerlandesa viaja por el mundo entero y su Compañía de las Indias Orientales obtiene beneficios faraónicos.

Pero Cromwell no ve con buenos ojos el hecho de que sus vecinos del otro lado del canal de la Mancha negocien libremente con las colonias inglesas de América, porque esto perturba sus ambiciones imperialistas. A continuación, se produce una guerra marítima violenta, que los ingleses finalmente ganan en 1654: el monopolio comercial de Inglaterra en sus colonias de América del Norte ahora está asegurado. Sin embargo, el mercado de las colonias españolas de América del Sur todavía permanece cerrado.

Las conquistas de Jamaica (1654) y de Dunkerque (1657)

Para que su hegemonía sea total, Inglaterra debe enfrentarse a Francia y España, sus dos rivales que, a su vez, están en guerra la una contra la otra. Puesto que la primera se niega a reconocer la legitimidad de la Commonwealth, Cromwell prefiere sellar una alianza con la segunda. Así pues, va en contra de la nación del joven Luis XIV (1638-1715), cuyo Gobierno está encabezado por el cardenal Mazarino (1602-1661), continuador de la obra política de Richelieu (1585-1642). Sin embargo, durante las conversaciones, España se niega categóricamente a permitir que Inglaterra comercie con sus colonias sudamericanas. Cromwell, fortalecido por su victoria sobre las Provincias Unidas, procede a la invasión de La Española (actual isla de Haití y de la República Dominicana, en el Caribe). Esta incursión fracasa pero, en 1654, los ingleses logran apoderarse de Jamaica y establecer un sólido puesto de avanzada en el Caribe.

Mazarino, impresionado por la política agresiva de Cromwell, decide aliarse militarmente con él contra España. Además, ambos coinciden en no ayudar para nada a sus respectivos rebeldes. En consecuencia, Carlos II es expulsado de Francia, donde se había refugiado.

Inglaterra y Francia reclutan un Ejército coaligado para atacar a los Países Bajos españoles y asedian Dunkerque. La ciudad portuaria de la Mancha cae el 25 de junio de 1658 y es entregada a los ingleses. Se trata del último triunfo de Oliver Cromwell, que fallece unos meses después, en septiembre.

REPERCUSIONES

LA CONSOLIDACIÓN DE LOS CIMIENTOS DEL IMPERIO COLONIAL BRITÁNICO

Durante los reinados de Jaime I y Carlos I, Inglaterra como imperio colonial experimenta una cierta recesión. La voluntad de los primeros Estuardo de evitar cualquier conflicto demasiado costoso con España, además de su falta de competitividad en relación con las Provincias Unidas, ha reducido drásticamente el potencial marítimo del reino que había sido levantado por Isabel I.

Oliver Cromwell es quien restaura completamente el prestigio naval de Inglaterra hasta el punto de convertirla en la primera potencia marítima de Occidente. A pesar de las hazañas terrestres del Nuevo Ejército Modelo, Inglaterra se impone en la escena internacional a través de sus flotas. Aunque todavía no se ha establecido en la India, consolida sus posiciones en el Atlántico mediante la conquista de Jamaica, así como asegurando el monopolio económico en sus colonias americanas. Al hacerlo, fortalece los cimientos de su futuro y temible imperio colonial. Así, Inglaterra se convierte plenamente en una nación marítima, y el impulso dado por el Gobierno de Cromwell no se verá frustrado por la restauración de los Estuardo en el trono.

LA RESTAURACIÓN DE LA MONARQUÍA TRADICIONAL

El Protectorado no sobrevive mucho tiempo la muerte de Cromwell. Lo sucede su hijo Richard (1626-1712), pero no tiene su carisma. No cuenta con ninguna victoria militar en su haber y los generales desconfían de él y, todavía más, de la influencia de los funcionarios civiles sobre su persona. Tan solo unos meses después de su ascenso al poder, es depuesto por un golpe de Estado, dirigido por sus generales, en guerra unos contra otros.

Carlos II, que entonces está en el extranjero, aprovecha la oportunidad para reclamar su trono. Algunos antiguos generales de Oliver Cromwell, determinados a restablecer la legalidad y el orden en Inglaterra, eligen apoyar su causa. Estos últimos reinstauran el Parlamento Largo en febrero de 1660, tal como estaba constituido antes de la purga realizada por Cromwell. Poco después, la asamblea vota su propia disolución y pide elecciones libres. En abril, se constituye un Parlamento convencional (es decir, un Parlamento que no ha sido convocado por un soberano) y, el 8 de mayo, este último reconoce a Carlos II como monarca legítimo del Reino de Inglaterra. La nación británica, todavía traumatizada por el recuerdo doloroso de la guerra civil, acoge la restauración con alegría.

La mayor parte de las reformas legislativas llevadas a cabo por Cromwell son abolidas. Además, su política estricta de la moral se arroja por la borda: todos los antiguos vicios y placeres, como los teatros, los juegos de azar y la prostitución, son restaurados.

¿QUÉ LEGADO DEJA OLIVER CROMWELL?

En términos de programa, el gobierno de Cromwell fue un fracaso. Mientras que aspiraba a una profunda reforma de la moral y quería hacer de los ingleses el pueblo de Dios, el puritanismo no logra arraigar en el corazón del pueblo. Del mismo modo, el lord protector que soñaba con unificar a las naciones protestantes ve cómo sucede lo contrario. Así, Suecia, ya líder de las naciones protestantes, se niega obstinadamente a basar sus decisiones en la política inglesa. Las Provincias Unidas, por su parte, prefieren declarar la guerra a las ambiciones imperialistas de Londres. Cromwell, por tanto, no tiene más remedio que entrar en conflicto con ellas, al precio de la santa unidad que esperaba.

Sin embargo, en términos de resultados, su poder todavía eclipsa a los otros reinos más eficaces de la historia. Mientras que Inglaterra, Irlanda y Escocia se embarcaban en interminables disputas de facciones, Cromwell logró restablecer la paz, el orden público y la unidad. Ciertamente, utilizó la fuerza para lograrlo, pero, ¿fue el único en hacerlo?

De este modo, el lord protector instituye un Ejército terrestre casi invencible y restaura el prestigio de la Marina inglesa triunfando sin piedad sobre las flotas neerlandesas. Así, contribuye a desviar la acción de las armas de Inglaterra hacia el exterior y asegura la conquista de Jamaica, así como la de Dunkerque. Como buen estratega político, aprovecha las disputas entre España y Francia para darle a su país un papel de líder internacional. La verdadera mancha en la reputación, sin embargo, viene dada porque su Gobierno se asemeja más a una junta militar que a un Estado de derecho. A pesar de todo, no deja de ser un personaje extremadamente interesante que todavía dará de qué hablar durante muchos años.

EN RESUMEN

1599
25 abr.: nacimiento de Cromwell

1628
Cromwell es elegido al Parlamento

1639
Insurrección escocesa

1640
13 abr.: Carlos I convoca el Parlamento;
Lo disuelve algunos meses después

1641
Oct.: Irlanda se subleva

1644
2 jul.: Cromwell y sus hombres
destacan en la batalla de
Marston Moor

1645

Se acepta la ley de renuncia de sí mismo;

Se instituye el Ejército del Nuevo Modelo

14 jun.: Carlos I es capturado durante la batalla de Naseby

1647

Carlos I se escapa

1648

Dic.: **Cromwell organiza la purga del Parlamento**

1649

27 en.: Carlos I es ejecutado; Irlanda es pacificada

1650-1653

Periodo de la Commonwealth

1652

Escocia es pacificada

1653

El Parlamento hace lord protector a Cromwell

1653-1658

Periodo del Protectorado

1657

Cromwell rechaza la corona de Inglaterra

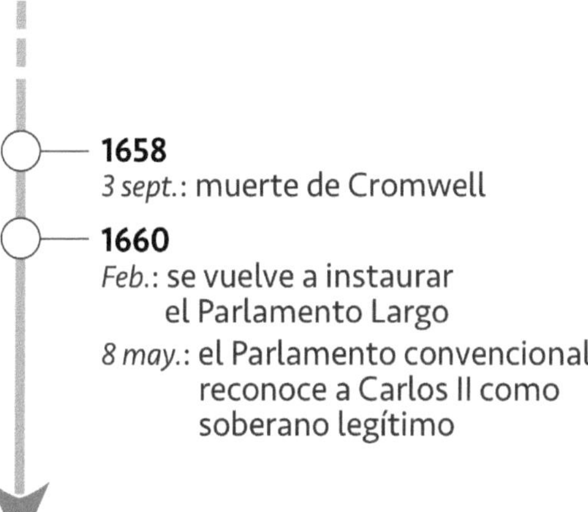

- En 1640, Carlos I convoca al Parlamento para obtener fondos para levantar un Ejército contra Escocia. Pero este se niega a otorgárselos sin obtener a cambio una serie de revisiones gubernamentales. El rey, que las considera inaceptables, trata directamente con los escoceses para restaurar el orden.

- Mientras que la situación se calma en Escocia, en Irlanda se produce otro levantamiento. Molesto, Carlos I convoca de nuevo al Parlamento.

- Mientras que el rey envía a un ejército para resolver el levantamiento irlandés, el Parlamento vota el reclutamiento de su propio Ejército y se niega a disolverse. Esto marca el comienzo de la guerra civil inglesa: Carlos I se ve obligado a abandonar Londres.

- Oliver Cromwell, miembro del Parlamento, recluta a sus expensas un regimiento de caballeros para el Ejército parlamentario. Rápidamente, establece una disciplina intransigente en las filas de sus propias tropas. Además, solo distingue a sus hombres en función de su mérito real, sin tener en cuenta su confesión religiosa (aunque todos son protestantes).
- Convencido de cumplir con la voluntad de Dios, a Cromwell no le gusta nada verse obstaculizado por superiores jerárquicos que trabajan con menos ahínco que él, como el conde de Manchester. En 1644, este lo critica abiertamente ante la Cámara de los Comunes y hace que se apruebe la ley de renuncia de sí mismo con el fin de eliminar a los lores del Ejército. Aunque a Cromwell le debería haber afectado esta ley, queda exento de la prohibición.
- En paralelo, participa activamente en la fundación del Nuevo Ejército Modelo, que permite que los parlamentarios ganen una primera

victoria sobre el rey en Naseby en 1645.

• El Parlamento y el Ejército forman rápidamente dos entidades políticas rivales que entran en desacuerdo con la gestión de la revolución. El Parlamento propone, de hecho, disolver el Nuevo Ejército Modelo, algo que es inaceptable para Cromwell, que purga al Parlamento de sus oponentes.

• Mientras tanto, Carlos I ha escapado y ha levantado un nuevo Ejército en Escocia para apoyar su causa. Pero Cromwell lo vence. Capturado y condenado por traición, Carlos I es ejecutado en 1649. A su heredero, Carlos II, se le niega el acceso al trono, y el reino de Inglaterra se establece como República de la Commonwealth en 1650. La Commonwealth dará paso rápidamente al Protectorado (1653): entonces, Cromwell se convierte en el verdadero soberano de las islas británicas.

• De 1649 a 1652, pacifica militarmente Irlanda y Escocia.

• Las islas británicas vuelven a la normalidad, e Inglaterra entra en guerra contra las Provincias Unidas para asegurar el monopolio comercial con sus colonias americanas. La guerra naval causa estragos entre las dos naciones protestantes de 1652 a 1654.

- España le niega a Inglaterra el derecho de comerciar con sus colonias de América del Sur, por lo que Cromwell decide invadir La Española. Aunque la isla resiste al asalto británico, Jamaica es tomada en 1654. Este éxito mejora las relaciones diplomáticas con Francia, entonces en guerra contra España, y las dos naciones se asocian. Esta alianza militar deriva en la conquista de Dunkerque en 1657.
- El mismo año, el segundo Parlamento del Protectorado propone una revisión del texto constitucional en la base del régimen mediante la humilde petición y el Consejo. Así, a Cromwell se ofrece la corona real, que rechaza. Sin embargo, acepta volver a instaurar un sistema bicameral en el Parlamento.
- En 1658, Cromwell fallece. Lo sucede su hijo Richard, pero rápidamente se ve superado por los antiguos oficiales de su padre. Algunos de estos vuelven a llamar a Carlos II para evitar que el país caiga en el caos. Tras su entronización, este abole todas las medidas adoptadas por el lord protector. La monarquía parlamentaria se restaura por completo y el nombre de Cromwell queda ensuciado por la propaganda monárquica.

¡Tu opinión nos interesa!
¡Deja un comentario en la página web de tu librería en línea,
y comparte tus favoritos en las redes sociales!

PARA IR MÁS ALLÁ

FUENTES BIBLIOGRÁFICAS

- Abbott, Wilbur Cortez. 1937-1947. *The Writings and Speeches of Oliver Cromwell*. Harvard: Harvard University Press.

- Ashley, Maurice. 1972. *Oliver Cromwell and His World*. Londres: Thames & Hudson.

- BCW Project, "British Civil Wars, Commonwealth and Protectorate (1638-1660)". Consultado el 26 de julio de 2017. http://bcw-project.org/

- Brown, P. Hume. 1962. *A Short History of Scotland*. Londres: Oliver & Boyd.

- Cottret, Bernard. 1992. *Cromwell*. París: Fayard.

- Coward, Barry. 1991. *Oliver Cromwell*. Londres: Longman, colección *Profiles in Power*.

- Davies, Godfrey. 1959. *The Oxford History of England. The Early Stuarts*, tomo 9. Oxford: Clarendon Press.

- Davies, John. 1993. *A History of Wales*. Londres/ Nueva York: Penguin Press.

- Firth, Charles. 1900. *Oliver Cromwell and the Rule of the Puritans*. Londres: Putnam's Sons.

- Firth, Charles. 1902. *Cromwell's Army*. Londres: Paperback.

- Firth, Charles. 1909. *The Last Years of the Protectorate*. Londres: Longmans.

- Gardiner, Samuel Rawson. 1882. *History of England from the Accession of King James I to the Outbreak of the Civil War*. Londres/Nueva York: Longmans-Green.

- Guy, John y John Morill. 1992. *The Oxford History of Britain. The Tudors and Stuarts*, tomo 3. Oxford/Nueva York: Oxford University Press.

- Hirst, Derek. 1986. *Authority and Conflict: England 1603-1658*. Harvard: Harvard University Press.

- Moody, Theodore William, Francis Xavier Martin y Francis John Byrne. 1978. *A New History of Ireland. Early Modern Ireland (1534-1691)*, tomo 3. Oxford: Clarendon Press.

- Morgan, Kenneth Owen. 1984. *The Oxford Illustrated History of Britain*. Oxford/Nueva York: Oxford University Press.

- Morrill, John. 1990. *Oliver Cromwell and the English Revolution*. Nueva York: Longmans.

- Morrill, John. 1992. *Revolution and Restoration: England in the 1650*. Londres: Collins & Brown.

- Newman, Peter R. 1990. *Companion to the English Civil Wars*. Londres: Facts on File.

- Reid, Stuart. 2004. *Dunbar 1650: Cromwell's Most*

Famous Victory. Oxford: Osprey.

- Stevenson, David. 2003. *The Scottish Revolution 1637-1644: the Triumph of the Covenanters*. Edimburgo: John Donald.

- Wheeler, James Scott. 1999. *Cromwell in Ireland*. Nueva York: St Martin's Press.

- Woolrych, Austin. 2000. *Commonwealth and Protectorate*. Londres: Phoenix Press.

- Worden, Blair. 1977. *The Rump Parliament*. Cambridge: Cambridge University Press.

FUENTES COMPLEMENTARIAS

- Barratt, John. 2006. *Cromwell's Wars at Sea*. Barnsley: Pen & Sword.

- Braddick, Michael. 2008. *God's Fury, England's Fire: A New History of the English Civil Wars*. Londres: Allen Lane.

- Bradstock, Andrew. 2011. *Radical Religion in Cromwell's England*. Londres: I. B. Tauris.

- Davies, Godfrey. 1955. *The Restoration of Charles II. 1658-1660*. San Marino: Huntingdon Library.

- Edwards, Graham. 1999. *The Last Days of Charles I*. Stroud: Sutton Publishing.

- Gregg, Pauline. 1984. *King Charles I*. Berkeley: University of California Press.

- Hoile, David. 1992. *The Levellers: Libertarian Radicalism and the English Civil War.* Londres: The Libertarian Alliance.

- Hutton, Ronald. 1989. *Charles II, King of England, Scotland and Ireland.* Oxford: Oxford University Press.

FUENTES ICONOGRÁFICAS

- Retrato de Oliver Cromwell. La imagen reproducida está libre de derechos.

- Ejecución de Oliver Cromwell. La imagen reproducida está libre de derechos.

- Oliver Cromwell en la batalla de Marston Moor, c. 1877. La imagen reproducida está libre de derechos.

- Oliver Cromwell disuelve el Parlamento. La imagen reproducida está libre de derechos.

- *Cromwell en Dunbar*, cuadro de Andrew Carrick Gow, 1886. La imagen reproducida está libre de derechos.

PELÍCULA

- *Cromwell*. Dirigida por Ken Hughes, con Richard Harris, Alec Guinness y Timothy Dalton. Reino Unido: Columbia Pictures, 1970.

LITERATURA

- de Balzac, Honoré. 1820. *Cromwell.*
- Dumas, Alejandro. 1845. *Veinte años después.*
- Hugo, Victor. 1827. *Cromwell.*
- Scott, Walter. 1826. *Woodstock.*

EDIFICIOS CONMEMORATIVOS

- El Museo Cromwell, en Huntingdon, Reino Unido.
- La estatua de Cromwell por Hamo Thornycroft, en Westminster, Londres.

www.50Minutos.es

ISBN ebook: 9782808002868

ISBN papel: 9782808002875

Depósito legal: D/2017/12603/664

Cubierta: © Primento

Libro realizado por Primento, el socio digital de los editores